AF349837

VENTE

DES

DIAMANTS

Perles fines, Rubis, Émeraudes, Opales, Topazes, Turquoises, etc.

ARGENTERIE DE TABLE, FOURRURES & CACHEMIRES

APPARTENANT A Mme Marie TAGLIONI

EX-PREMIÈRE DANSEUSE DES THÉATRES DE L'OPÉRA DE PARIS
ET SAINT-PÉTERSBOURG

Et provenant de Cadeaux de divers Souverains.

PARIS

RENOU ET MAULDE

IMPRIMEURS DE LA COMPAGNIE DES COMMISSAIRES-PRISEURS

Rue de Rivoli, 144

1862

CATALOGUE

DES

DIAMANTS

PERLES FINES, RUBIS, ÉMERAUDES, OPALES, TOPAZES, TURQUOISES, ETC.,

Bijoux, Argenterie, Malachite, Curiosités, Porcelaines de Sèvres,
Fourrures, Cachemires de l'Inde, etc., etc.

APPARTENANT A Mme MARIE TAGLIONI

EX-PREMIÈRE DANSEUSE DES THÉÂTRES DE L'OPÉRA DE PARIS
ET SAINT-PÉTERSBOURG

Et provenant de Cadeaux de divers Souverains

DONT LA VENTE AURA LIEU

HOTEL DROUOT, SALLE N° 7

Les Vendredi 26 et Samedi 27 Décembre 1862

A 1 HEURE DE RELEVÉE 

Par le ministère de Me **SOYER**, Commissaire-Priseur au département
de la Seine, demeurant à Paris, rue du Dauphin, 10,
CHEZ LEQUEL SE DISTRIBUE LE PRÉSENT CATALOGUE.

EXPOSITION PUBLIQUE

Le Jeudi (jour de Noël) 25 Décembre 1862, de midi à 5 heures

PARIS — 1862

CONDITIONS DE LA VENTE

—

Elle sera faite au comptant.

Les Acquéreurs paieront en sus du prix d'adjudication CINQ POUR CENT, applicables aux frais.

DÉSIGNATION

DES OBJETS

1 — Trois pièces, parure myosotis, composée de brillants
   et de turquoises. (Ce lot pourra être divisé.)

2 — Une Plaque collier.

3 — Deux autres Plaques agrafes.

   Le tout en brillants et opales.

4 — Une paire de Pendeloque, brillants et opales.

5 — Une Croix en brillants et opales.

6 — Un Fermoir, saphir et brillants.

7 — Un autre,   id.   id.

8 — Pendeloque en brillants, avec grosse perle blanche.

9 —   Id.   id.   avec grosse perle grise.

10 — Magnifiques Boutons d'oreille en brillants, d'une très-belle qualité.

11 — Deux Boutons d'oreille en brillants.

12 — Une Pendeloque, formée de pierres dites aigues-marines.

13 — Onze Boutons pour robes, montés chacun d'un brillant.

14 — Médaillon entouré de brillants, émail bleu.

15 — Très-beau Bracelet en or, monté de brillants, émeraude et opale.

16 — Deux Broches muguets, montées de perles fines et brillants.

17 — Un beau Collier, formé de 207 perles fines.

18 — Une Main en corail, avec brillant.

19 — Un magnifique Bracelet, composé de brillants et turquoises.

20 — Un Bracelet forme serpent, émaillé bleu, avec brillant.

21 — Un Bracelet jacinthe, monté d'un grenat taillé à facettes, avec brillant.

22 — Un Bracelet monté d'un grenat cabochon, avec perle
et brillant.

23 — Un Bracelet monté de topazes roses et brillants,
émail bleu.

24 — Une Épingle pour cravate, en or, surmontée d'un
satyre (topaze sculptée), avec brillant.

25 — Une Épingle montée d'une perle d'Écosse.

26 — Une Épingle montée d'un scarabée, avec rubis et
émeraude.

27 — Une Broche avec camée topaze, entourée de brillants,
tête sculptée par Pikler. (Signé.)

28 — Une Broche ancienne : Saint Georges terrassant le
dragon, attribué à Benvenuto Cellini.

29 — Bague montée de quatre brillants et un rubis.

30 — Bague avec perle et rose, émail bleu.

31 — Bague avec brillant et émail bleu.

32 — Bague émail noir et brillant.

33 — Bague avec camée et rose.

34 — Bague montée d'une tourmaline, avec roses.

35 — Bracelet émaillé bleu en or, renfermant une montre.

36 — Bracelet en or et tête de corail.

37 — Broche œil de chat (ou agate).

38 — Deux Brochettes or et corail.

39 — Deux Broches, têtes de Pan.

40 — Une paire de Boucles d'oreille anciennes (émaillées).

41 — Une paire de Boucles d'oreille, forme étrusque.

42 — Trois Broches, or et améthystes, chardon d'Écosse.

43 — Une Épingle ancienne à sujet (enfant).

44 — Une Boucle de ceinture en or.

45 — Deux Épingles à bonnet, surmontées de canards sauvages.

46 — Un Ours.

47 — Tabatière en or avec émail.

48 — Un Fermoir de collier, monté de brillants et jacinthes.

49 — Deux Pendeloques, émeraudes et brillants.

50 — Une Ombrelle, turquoises et dentelles de Chantilly.

51 — Bloc ou presse-papier en malachite.

52 — Deux Épingles à bonnets, brillants et rubis.

53 — Un Perroquet, perles rubis et brillants.

54 — Une Broche, émail de couleur.

55 — Deux onyx en épingles.

56 — Miniature de Petitot.

57 — Deux Broches, camées durs.

58 — Émeraude, prisme.

OBJETS DIVERS

Une Boîte de Couteaux à manches en bois sculpté: les Dieux de l'Olympe.

Belle Argenterie de table.

Marmite en argent repoussé.

Plusieurs pièces en porcelaine de Sèvres.

Magnifique fourrure en martre zibeline de Jasouf.

Un Châle long, cachemire de l'Inde.

Une Echarpe,   id.   Id.   brodée or, fond vert.

Un Crêpe de Chine blanc.

Un Crêpe de Chine rouge avec fleurs maïs.

Renou et Maulde, imprimeurs de la Compagnie des Commissaires-Priseurs
rue de Rivoli, 144.